BENDITAS BILOCADAS

BENDITAS BILOCADAS

Ana Tapia

les
para llevar

Primera edición: marzo de 2025
© Ana Tapia, 2025
© Letras Raras Ediciones, S. L. U., 2025
© Andreacariño (@andreacarinyo), portada e ilustra-
ciones interiores, 2025
© Almudena Marín Hueso, foto original solapa, 2025

Les para llevar es una colección de LES Editorial,
propiedad de Letras Raras Ediciones, S. L. U.
www.leseditorial.com | info@leseditorial.com

ISBN: 978-84-19879-35-6
Depósito legal: MU 252-2025
IBIC: DD

Impresión: Podiprint
Impreso en España - *Printed in Spain*

Nota de la editora

Si sigues desde el principio las redes de LES Editorial, sabrás (porque lo he repetido mucho, soy una pesada) que uno de mis sueños es tener una colección solo de teatro sáfico... ¿te imaginas? Una fantasía. Aún no ha llegado ese momento, pero sí que vamos a publicar la primera obra de teatro en esta nueva colección de pequeño formato, Les para llevar, que también es una fantasía llena de joyitas (como esta que tienes entre tus manos) que desearás coleccionar sin remedio. Palabra de editora.

Y ahora, hablemos de Benditas bilocadas, de Ana Tapia, a la que ya conocerás por su magnífico relato seleccionado en Herstoria,

«La madre bisonte nos protegerá». Y hablemos de Benedetta, una monja que vivió en el siglo XVII y que parece ser que era un poco lesbiana y un poco teatrera, ya que fue acusada de realizar actos impuros con otra monja y también de simular estigmas que, presuntamente, se causaba ella misma... Pero esta obra no solo trata de Benedetta, sino de Inés, generación Z de pura cepa con cuyas ocurrencias me he desternillado de la risa, y de Aivory, esa persona de un futuro incierto.

Y hablemos también del teatro leído, porque sí, las obras de teatro, como los guiones de cine, también se pueden leer. Es más, no tienen por qué ser productos a medio terminar, aunque alcancen su plenitud al cobrar vida en lo audiovisual, sino que pueden ser autónomos, entendibles y disfrutables por sí mismos.

Historia, ciencia ficción, romance sáfico y humor. Si esta es una colección híbrida, diferente y de rarezas con encanto, esta obra de teatro sin duda es todo esto y más.

¡Que la disfrutes, bendita lectora!

Bárbara Guirao

A todas las bilocadas (por amor)
presentes y futuras.

«Ustedes, los inquisidores, en eso de limitar los sueños han sido siempre especialistas. Se me acusa de haber tenido la osadía de enseñarle a la gente lo que significa la palabra libertad».

PACO BEZERRA, *Muero porque no muero*

«La risa no es nuestra medicina: la verdadera cura está en las historias, en contar nuestras historias. La risa solo es la miel que endulza la medicina amarga».

HANNA GADSBY

Prólogo

Benditos actos impuros

Una noche del invierno de 2023 me desperté pensando en sor Benedetta. Es probable que se debiera a que mi «radar del siglo XVII» se había activado después de escuchar un pódcast conocido como *Las hijas de Felipe*, donde Ana Garriga y Carmen Urbita hablaban con entusiasmo y ternura de un montón de monjas que poblaron el Barroco. Esa noche me dediqué a buscar en mis estanterías un libro que yo atesoraba como oro en paño desde hacía tiempo. Tuve un instante de pánico por si no lo encontraba. Cabía la posibilidad de que lo hubiera perdido en alguna mudanza. Para mi alivio, el libro estaba allí. Al abrirlo vi que en la primera página yo había escrito, con una caligrafía pequeña: «Año 2005. Este libro es y será muy importante en mi vida».

Aquella aseveración mía, con una intensidad muy del estilo Barroco, logró sacarme una sonrisa. ¿A qué me refería, exactamente? ¿Era una especie de profecía autocumplida? Pronto quedó claro que sí, que Benedetta Carlini iba a regresar a mi mundo tantos años después, dispuesta a convertirse en personaje, resignada a que mi imaginación la paseara, como una mascota, por el siglo XXI.

El libro, por cierto, no era otro que *Inmodest Acts. The Life of a Lesbian Nun in Renaissance Italy*, escrito por Judith C. Brown, una historiadora que tuvo la grandísima suerte de encontrarse con el expediente de la religiosa en el Archivo de Estado de Florencia. Brown cuenta que los informes eclesiásticos, realizados entre 1619 y 1623, contenían una descripción detallada de sus relaciones sexuales con otra monja. Así se gestó esta investigación sobre aquel «terrible pecado que no podía nombrarse» y otras cosas como supuestos milagros que Dios habría hecho en favor de Benedetta. El más llamativo de todos era la aparición de estigmas en sus manos, heridas sangrantes que, según declararon otras religiosas, la propia interesada se hacía con un pequeño cuchillo. Pero hay más cosas que hacen inolvidable este relato. Para mí, una de ellas es el uso de una especie de «avatar» para hacer más fácil la ruptura de las reglas, es decir, del celibato que se le presupone a una monja: el ángel Splenditello. Un enviado de Dios que aparecía cuando Benedetta y su compañera Bartolomea yacían juntas y las animaba, asegurando que lo que hacían era bueno. Splenditello poseía el cuerpo de Benedetta y a veces hablaba incluso por su boca, adoptando un tono de voz más grave. Da un poco de miedo imaginarlo desde nuestra visión actual y, como todo en el Barroco, resulta tragicómico, exagerado, necesario. Una *performance* donde lo sobrenatural era parte de la vida cotidiana. Por esas mismas reglas, el delito de Benedetta, según el Santo Oficio, podía verse atenuado por el eximente de que ella era una víctima de Satanás, que la engañaba, que la confundía. Quizás por eso no hubo sentencia de muerte. De hecho, la propia Brown explica en el epílogo que no se ha conservado registro de la sentencia del nuncio y que solo la casual pervivencia de un diario de otra monja ha permitido saber qué pasó. Según consta en dicho diario, la hermana Benedetta murió a los setenta y un años de unas fiebres después de haber pasado treinta y cinco años de cárcel en el convento.

Esta cadena perpetua, a nivel narrativo, es un auténtico desperdicio. Una mujer con tanto potencial no podía marchitarse así entre cuatro paredes. Empecé a imaginar qué habría sido de ella en caso de poder escapar. Y decidí robarla. Para ello utilicé el ardid de otra religiosa que fue contemporánea de Benedetta y que murió solo cuatro años después que ella: sor María Jesús de Ágreda. Vivieron a más de 1500 kilómetros de distancia y no se conocieron, pero lo cierto es que la de Ágreda tenía un don que le hubiese venido de perlas a Benedetta. La bilocación. Capaz de saltar el espacio sin moverse del sitio, María Jesús había logrado llegar hasta América. Fue vista en Nuevo México y en Texas, donde los nativos la bautizaron como «La Dama Azul de los Llanos». La historia de esta religiosa española, por otra parte, ha producido gran cantidad de literatura. Pero de ella yo solo tomé la cualidad de bilocarse y de paso la amplié para que, además del espacio, se pudiera una mover por el tiempo. Y salir del planeta, por supuesto. ¿Por qué conformarse con la Tierra cuando el universo ofrece tantas posibilidades?

Hay que decir que Judith C. Brown no tiene culpa de nada de lo que yo le haga decir a Benedetta. A diferencia de esta obra que está a punto de empezar, el libro de Brown es un estudio serio. Lo publicó por primera vez en 1986 y he aquí otra coincidencia maravillosa, pues, ¿qué estaba yo haciendo ese año? Cuando la historia de Benedetta salió a la luz al mundo yo tenía doce años. Era una preadolescente distraída con un cuaderno en el que dibujaba cosas como el cometa Halley, que pasó aquel año, o galerías extensas de personajes imaginarios. No podía ni soñar quién iba a ser Benedetta y las únicas religiosas que conocía eran las gestoras del colegio donde estudiaba, de la Congregación de las Hijas de Jesús. Les tenía bastante miedo y había aprendido a esconderme de ellas, en especial cuando me adentraba en zonas prohibidas del enorme edificio. Y no sabía aún que, aquel curso, iba a ocurrir algo extraordinario: estaba a punto de descubrir el teatro.

Fue a través de un musical. La intoxicación se produjo rápido, como la mordedura de un áspid de doble efecto. Una primera fase acelerada y otra dilatada en el tiempo. El musical contaba la vida de Juan Bosco, el santo de los niños pobres, que se representó en el escenario de un salón de actos. Meses después, ya con trece, escribí una obra de teatro de la que no recuerdo nada, ni tan siquiera el título, pero sí la sensación de ir con unas hojas manuscritas bien pegadas al pecho para enseñarlas a mis amigos, y sentir el calor que emanaban, que parecía ir directo al corazón. Hubiera estado bien que, en ese instante, apareciese por un tragaluz imposible Benedetta y me dijera: «Eh, tú, chica. Atenta: en el año 2023 irás a Bolonia y entrarás a una basílica llamada Santo Stefano, construida sobre las ruinas de un templo dedicado a Isis. Allí te sentarás en uno de los bancos. Te dará sueño y, arropada por el murmullo de los turistas, echarás una cabezada. Justo en ese momento vendrán a tu cabeza las palabras exactas que yo voy a decir al inicio de la obra».

Por suerte —o por desgracia— la vida no funciona como una *performance* barroca y lleva sus tiempos. Pasarían años hasta que tuviese mi primer trabajo como actriz y otros tantos para que me lanzase, por fin, a escribir teatro. Por el camino hubo mucha ciencia ficción, narrada y en poesía. Más tarde recordé una imagen que se repitió mucho durante toda mi infancia y que también guarda relación con todo esto. Mi madre, gran lectora de teatro, sosteniendo en las manos las ediciones de quince pesetas de autores humorísticos como Jardiel Poncela y riéndose a carcajadas. Este último autor, por cierto, tiene una obra titulada *Cuatro corazones con freno y marcha atrás*, que bebe directamente de la ficción especulativa. No ha sido el único tentado por el teatro de lo insólito. Por todo el mundo se estrenan cada mes obras de teatro de ciencia ficción, de fantasía, de terror. En España uno de los repasos más exhaustivos al teatro de los últimos tiempos es el que se hace en el libro *Historia de la ciencia ficción en la cultura española*, editado por Iberoamericana bajo la coordinación de Teresa López Pellisa.

En cuanto a Benedetta, esta no será la primera vez que se la lleve a un escenario. Me consta que la autora canadiense Rosemary Rowe dirigió una obra sobre su vida. Sí será la primera vez que Benedetta salga de la Tierra para pisar Saratovia, me temo.

Y es que el teatro es una cosa muy versátil. Puede transitar como quiera por los géneros. Adaptarse a todas las etiquetas o a ninguna. Crear incluso etiquetas nuevas: «LesboBarrocoGaláctico» podría ser una de ellas. Más tarde, cuando el texto se lleva a escena, las posibilidades se multiplican, se hacen infinitas. La obra vuelve a renacer cada vez que un grupo humano se adueña de ella y le entrega su cuerpo y su voz. Ese es el vértigo.

ANA TAPIA

Acompaña la lectura
con la banda sonora de este libro.

PERSONAJES

BENEDETTA

Monja del convento de las Teatinas de Pescia, nacida en 1590. Está recluida en su celda, acusada por los inquisidores de proclamar «falsos éxtasis» y de fornicar con otra monja llamada Bartolomea.

INÉS

Estudiante de Arte Dramático nacida en 1999. Actualmente tiene veinticuatro años. Su sueño es hacer monólogos en un gran teatro y que Netflix compre los derechos de su espectáculo, igual que le ha pasado a Hanna Gadsby con su *Nanette*. Anda siempre justa de dinero, pero en cuanto consigue ahorrar un poco toma el primer tren que salga hacia el norte porque le encanta perderse por el bosque caducifolio: es ahí donde se le ocurren sus mejores chistes para el espectáculo que tiene en mente.

AIVORY

Doctora especializada en mejoras genéticas. Nacida en el ciclo solar 236 y habitante del planeta Salutri, colonizado por el ser humano en un futuro muy lejano. Está presa en una celda pendiente de juicio en su país natal, la República de Saratovia, por practicar mejoras ilegales a ciudadanos de «categoría básica». Saratovia es el único lugar del planeta que vive bajo una dictadura genetista. El Estado separa a los habitantes en dos categorías: «básicos» y «mejorados», siendo estos últimos los que ostentan los puestos de poder. Por ello, las intervenciones médicas de la doctora Aivory se consideran traición al sistema.

ESCENA 1

Benedetta está tumbada en la cama en un dormitorio de un piso compartido. Ella no lo sabe aún, pero el piso pertenece a un grupo de estudiantes universitarias. Cuando Benedetta se acostó estaba en su celda del convento de Pescia, en 1628. Ahora está aquí, en 2023, víctima de una curiosa bilocación. Al despertar, va levantándose de la cama y mirándolo todo con gran espanto.

BENEDETTA: ¿Dónde estoy? ¿Qué lugar es este? ¿Por qué me has traído aquí, Señor? Sé que he pecado, pero ya estoy cumpliendo mi penitencia, encerrada hasta el fin de mis días, sin poder entregar mi amor a ningún ser humano.

No pretendo conocer todas tus razones, Dios mío, pero ¿vas a salvarme o vas a arrancarme el corazón de nuevo? ¿Acaso he muerto y esta es la prueba final a la que me sometes?

(Se queda en silencio un instante y empieza a observar la habitación con un repentino interés en los objetos. Poco a poco, va atreviéndose a tocar el mobiliario: una estantería con libros. Una mesa llena de bolígrafos, papeles escritos con letra apresurada. Una lámpara. Se acerca al armario y lo abre. La puerta tiene un espejo interior y, al verse reflejada, da un respingo).

¡Soy yo! Yo misma. Heme aquí. *Ecce ancilla Dei.* Si me has traído a este extraño mundo, será por algo. Tal vez es aquí donde vive mi ángel. ¿Estás aquí, Splenditello? ¡Háblame, ángel mío! Dime por qué me siento tan extraña, por qué estoy aquí, pero no estoy del todo aquí. Parte de mi persona, creo, encuéntrase aún en Pescia. Esa prisión de pan y agua y frío.

Si cierro los ojos aún puedo verme allí, aguardando la muerte. Entonces, ¿dónde estoy? ¡Bendita bilocación! No creo ser merecedora de tamaña merced. Estar bilocada es viajar por la gracia de Dios. ¿Por qué concederías, oh Dios mío, ese don a un alma impúdica?

(*En ese momento Inés, estudiante de arte dramático, entra en su propio dormitorio. Lleva el teléfono móvil en la mano porque está grabando un larguísimo mensaje de WhatsApp. No se da cuenta de que Benedetta está allí. La monja observa a Inés con estupor, sin atreverse a interrumpirla*).

INÉS: ¡Eyyy! Paco, Paco, escúchame. Tengo la idea perfecta para ganar el premio de la Fundación esa, la que me dijiste. ¿Cómo se llamaba? ¿Cuánto dinero era? Según tú cagaban euros y había varias modalidades de premios. Bueno, da igual. La cosa es que tengo un diálogo en mente. Lo haríamos tú y yo, *obviously*. Quiero contártelo en directo, pero no me coges nunca la llamada. Tío, ¿qué te pasa? No estarás otra vez con el vigilante de la piscina, ¿eh? Mira que ese pavo es un cabrón, se le ve a la legua. Follaréis un par de veces y luego hará como que no te conoce. Bueno, a lo que voy: la idea me ha surgido antes, en la clase de la teacher Vanessa. Es la más creativa de toda la facultad, te lo digo yo. Y además está muy buena. Esa mujer es una fiesta para los ojos, con esas mallas prietas y la voz que tiene, como si susurrara gritando. ¿Sabías que da las clases descalza? En fin, que pierdo el hilo. *Focus*, Inés, *focus*. La cosa es que tú y yo hacemos buena pareja. Escucha, Paco:

Imagínate a Clint Eastwood y Mary Poppins. ¿Los tienes? Clint, el actor. El de *Harry el Sucio*. Y Mary Poppins, la niñera que canta canciones motivacionales para ayudarte a recoger la mierda de tu dormitorio. ¿Ya? Pues resulta que se encuentran en el metro de Málaga durante la Semana Santa. La ciudad a reventar de gente. La línea se estropea y los obligan a evacuar el vagón. No vayas a preguntarme qué hacen en el metro de Málaga esos dos, tío. Pacto ficcional, ¿OK? No importa por qué están ahí. Están y punto. Clint y Poppins. Tú y yo. Necesitan llegar a su hotel, así que comparten un taxi. El taxista es un poco torpe y acaba en un atasco provocado por una procesión. Clint y Poppins se ponen nerviosos. ¡Noche de incienso y música de cornetas! ¿A que casi puedes olerlo y oírlo? El taxista se da por vencido y apaga el motor. Clint y Mary Poppins discuten entre ellos. ¿Por qué? Porque son muy distintos. Porque estaban abocados a ello. Porque cuando Clint dice: «Aún no tengo claro si le daría cinco o seis tiros a esta ciudad», Mary le responde: «Oh, no. Esta ciudad es supercalifragilisticaespialidosa».

(Inés deja el teléfono sobre la repisa y, sin dejar de grabar, reproduce un diálogo imaginario entre los dos personajes).

CLINT: Esa máquina no deja de sumar dinero. El tipo nos ha traído aquí para conseguir un botín.

POPPINS: Vamos, hombre, no sea tacaño. ¡Disfrute del paseo! Mire todas esas candelerías. ¡Mire, allí van a cantar una saeta!

CLINT: No estoy para cánticos, señora. ¿Quién va a pagar esto? ¿Usted?

POPPINS: Todo se puede pagar.

CLINT: ¿Cuánto gana una niñera?

POPPINS: A una dama no se le pregunta cuánto gana.

CLINT: Y luego dicen que soy yo el machista.

POPPINS: ¡Mire allí! Junto a la iglesia. ¿No es ese Antonio Banderas?

CLINT: El mundo se divide en dos categorías: los que tienen el revólver y los que cavan.

POPPINS: Sí, creo que es él. ¡Podríamos ir a saludarlo!

CLINT: Si no pagamos al taxista, tendré que cargármelo. O dejar la deuda. ¿Usted qué dice?

POPPINS: Me temo que no llevo suelto. ¡Ey! ¡Antonio, Antonio!

CLINT: ¡Deje de gritar por la ventanilla! Me va a dejar sordo.

POPPINS: Quizás Antonio lleve algo de dinero para prestarnos.

CLINT: (Al taxista). Oiga, amigo. Yo me bajo aquí.

POPPINS: ¿Y me va a dejar sola? Vamos, hombre, relájese. ¿Cantamos una canción? Con un poco de azúcar todo te sabrá mejor...

CLINT: O se calla, o le pego un tiro, se lo juro.

POPPINS: Qué innecesaria es la agresividad.

CLINT: Se equivoca. Es muy necesaria. ¿Cómo se abre esta mierda?

POPPINS: Esa palanca de ahí.

CLINT: ¿Dónde?

POPPINS: ¿Sabe manejar un revólver, pero no puede abrir la puerta de un coche?

CLINT: ¡Maldita sea!

POPPINS: Estresarse es una cosa inútil.

CLINT: Esa es su opinión. Las opiniones son como los culos, todo el mundo tiene uno.

(*Inés vuelve a coger su teléfono y envía el mensaje de voz. Luego se gira y ve a Benedetta. Se le cae el móvil al suelo*).

INÉS: ¡Me cago en todo! Casi me matas del susto. ¿Qué...? ¿Eres amiga de Rim? ¿De qué vas disfrazada? Rim no está. Espera... ¿Rim te dijo que podías dormir en mi habitación?

BENEDETTA: No sé qué hago aquí. No sé quién sois, ni qué lugar es este.

INÉS: Venga ya. Me estáis gastando una broma. ¿Está Rim escondida por aquí? *(Se asoma a la puerta de su dormitorio, buscando con la mirada)*. ¡Rim! ¡Me dijiste que te ibas al pueblo para la fiesta de final de Ramadán!

(Silencio).

BENEDETTA: ¿Qué sois vos? No parecéis un ángel. ¿Sois una mujer? Lleváis calzones de hombre.

INÉS: *(Gritando al aire)*. ¡Rim! Os he descubierto, ¿vale? Sal ya de donde estés.

BENEDETTA: Creo que me estoy mareando.

INÉS: ¡Eh, eh! No te desmayes en mi cama. Perdona, pero hueles un poco a sastrería vieja. ¿Dónde has pillado ese disfraz de monja? Me temo que no ha pasado por la tintorería.

BENEDETTA: ¿Por qué decís que voy disfrazada? Este es mi hábito. ¿Acaso me estáis poniendo a prueba? Si es así, sabed que, aunque tiemblo, confío en la misericordia del Señor para superar esto.

(Benedetta se arrodilla).

INÉS: Vale, tía. Okeis. Ya está. Deja de fingir. ¿Soy parte de vuestra *performance*? ¿Tenéis una cámara oculta? *(Sale al pasillo).* ¡Rim! ¡RIM! ¡Me cago en tus castas! Tu amiga es una actriz cojonuda, pero a ti te voy a cortar los pelos del coño con unas tijeras de podar como no salgas.

BENEDETTA: Creía que erais un ángel, pero habláis más como demonio. ¡Oh, Señor! ¿Por qué me envías a una jovencita que habla como las rameras del puerto de Venecia?

INÉS: ¡Oiga! Usted perdone, doña finolis. Hermana modales. ¿Y de qué congregación se supone que eres? Venga, a ver si Rim se ha currado la construcción del personaje.

BENEDETTA: Me llamo Benedetta Carlini. Soy hermana de las Teatinas de Pescia.

INÉS: ¡Ajá! Te he pillado. Ese nombre me suena mucho. Lo voy a googlear. ¡Espera! Ya sé de qué me suena. De la lista de bolleras católicas famosas. (*Inés busca en su teléfono la ficha biográfica de Benedetta*). En efecto: Benedetta Carlini. Abadesa del Convento de la Madre de Dios.

BENEDETTA: Hace tiempo que ya no soy abadesa. Así lo dispusieron los ministros de Dios.

INÉS: Muy bien. Has hecho los deberes. Te has empapado el personaje. ¡Mis dieces a ti y a Rim! Pero déjame que te haga unas preguntas para comprobar. A ver: ¿dónde naciste exactamente?

BENEDETTA: Nací en Vellano la noche de San Sebastián de 1590. Mi padre se llamaba Giuliano y mi madre Midea.

INÉS: Ajá. Bien memorizado.

BENEDETTA: Mi padre tenía una granja.

INÉS: En África.

BENEDETTA: ¿Qué?

INÉS: Es un chiste malo. Ya sabes. Karen Blixen, interpretada por Meryl Streep.

BENEDETTA: Ignoro esos nombres que pronunciáis.

INÉS: ¡Venga ya! ¿De verdad hay que seguir con esto? Queréis que crea que eres la monja lesbiana que llega desde el siglo

xvii. ¡Un momento! Ya lo entiendo. Esto es improvisación. Yo reacciono y así voy conformando la escena, ¿a que sí? Pues ahora me quedo callada, hala.

BENEDETTA: (*Acercándose a la ventana*). Qué extraño mundo es este. Estoy en él, pero también en el otro. No sé por qué Dios me ha traído aquí ni qué debo hacer.

INÉS: El típico dilema de los viajeros en el tiempo. (*Se tapa la boca*). ¡Mierda! Dije que no iba a hablar. Me cuesta estar callada, ¿sabes?

BENEDETTA: Señor, dame una señal.

INÉS: Rim es quien debería dártela. ¡Rim! Te juro que me voy a vengar de esto.

BENEDETTA: ¿Quién es Rim?

INÉS: ¿Cómo que quién es Rim? Bien lo sabes. Mi compañera de piso. Esa puta tan graciosa.

BENEDETTA: ¿Vivís con una joven de mala vida? ¿Es esta una casa de fornicación?

INÉS: Ojalá lo fuera. Pero de fornicación ando justa últimamente. Se me resisten, ¿sabes? Igual es que soy muy directa. O que hablo mucho.

BENEDETTA: Creo que me estoy mareando. El Señor es mi pastor, nada me falta. Aunque camine por el valle de la muerte, no temeré.

INÉS: Tranquila, hermana. Te estás poniendo pálida.

BENEDETTA: Me llamo Benedetta Carlini. Nací en Vellano. Fui abadesa. Cometí pecado de actos impuros con Bartolomea. Me han condenado de por vida. Pero yo la amaba, la amaba.

(Benedetta pierde el equilibrio. Inés, en un acto reflejo, la agarra de la cintura. Se desmayan las dos).

ESCENA 2

Inés y Benedetta están en el convento de las Teatinas de Pescia en el año 1628. Las otras monjas no pueden verlas ni oír lo que dicen.

BENEDETTA: Estoy de vuelta. ¡Oh! Pero vos... habéis venido conmigo. ¿Por qué?

INÉS: Ahora soy yo quien está mareada.

BENEDETTA: Os habéis bilocado conmigo.

INÉS: ¿Qué está pasando? Ahora te creo, te creo. ¡No me dejes sola! Voy a potar.

BENEDETTA: Dadme la mano, mujer. ¿Cómo os llamáis? Ni siquiera me habéis dicho vuestro nombre.

INÉS: Inés. Me llamo Inés Torres y tengo el esfínter flojo.

BENEDETTA: ¿Necesitáis aliviaros? Sé dónde están las letrinas.

INÉS: Esto no puede estar pasando.

BENEDETTA: Estamos en Pescia. En el convento. Yo estoy presa en mi celda y a la vez fuera. ¡Es un prodigio! ¡Mirad! (*Señala a un grupo de monjas que camina en silencio*). ¿Creéis que podrán vernos?

INÉS: Esto es un sueño. Tiene que serlo. ¿Qué somos? ¿Fantasmas? ¡No me jodas que hemos muerto!

BENEDETTA: No hemos muerto, Inés. Aún no ha llegado nuestra hora.

INÉS: Entonces, si estamos vivas, significa que tú... que tú... ¡eres prodigiosa! Benedetta Carlini, no sé cómo lo haces, pero te mueves a través del tiempo y el espacio.

BENEDETTA: Yo no hago nada. Solo soy una pobre criatura de Dios. Es el Altísimo quien me lleva.

INÉS: ¡Anda ya! No te quites mérito. ¿En tu siglo también tenéis el síndrome de la impostora?

BENEDETTA: Impostora era lo que me llamaban ellos.

INÉS: ¿Ellos? No me refería a eso...

BENEDETTA: (*Ignorando a Inés y hablando como para sí misma*). Pero yo fui honesta. Fui fiel. (*Se arrodilla*). He aquí tu esposa, Señor mío. Acepto esta bilocación y te pido sabiduría para comprender su propósito.

INÉS: Amén. Escucha: ¿dices que te ha dado Dios este don? Es alucinante.

BENEDETTA: Él hace las cosas por alguna razón.

INÉS: Esto es una puñetera locura. ¿En qué año estamos? ¿Podemos hablar con estas mujeres? ¡Ostras! Pero si estás hablando en español, una monja italiana del siglo XVII hablando español, ¿dónde está el truco?

BENEDETTA: ¿Español? Yo hablo toscano.

INÉS: No me jodas que la bilocación viene con Google Translator incorporado.

BENEDETTA: No sé a qué os referís.

INÉS: Nada, nada, ¡qué fuerte! (*Mirando de nuevo hacia las hermanas*). ¿Podemos comer? Juraría que huelo el guiso de la cocina. ¿La bilocación produce hambre?

BENEDETTA: Esperad. ¿Qué hacéis?

INÉS: Quiero ir a echar un ojo al comedor.

BENEDETTA: No sé si es lo correcto.

INÉS: ¿No sabes si es lo correcto? ¡Joder! Que hemos pasado del siglo XXI al XVII por la cara. ¿Qué importa lo correcto?

BENEDETTA: No deberíamos.

INÉS: ¡Claro que deberíamos! Míralas. Están comiendo en silencio. ¡Qué aburrido! Si fuera monja yo me moriría. A no ser que me enamorase de alguna, claro. Entonces sería más divertido... ¡Ay! Perdón. ¿Lo ves? Soy una bocazas.

BENEDETTA: A veces habláis como una impía.

INÉS: Es lo que soy. ¡Una impía! Inés *Ungodliness*. ¿Lo pillas? Rimas en *spanglish*: un género propio.

BENEDETTA: Ya basta, Inés. Piais palabras sin sentido como un pájaro bullicioso. Debería devolveros a vuestra casa. Este no es vuestro lugar.

INÉS: ¡Anda con la monja! Bueno, tampoco es la primera vez que me llaman cotorra. Mira, no pasa nada por cotillear un poco, ya que estamos aquí.

BENEDETTA: Si vos lo decís...

INÉS: Además, ya se me ha pasado el mareo.

BENEDETTA: Me alegro de que os encontréis mejor.

INÉS: Sabrás volver, ¿verdad?

BENEDETTA: No sin la ayuda de Dios.

INÉS: ¿No sin la ayuda de Dios? ¡Benedetta! Yo creía que lo tenías controlado. ¡Ay! Ahora quiero volver.

BENEDETTA: Tranquilizaos, por la Santísima Sangre. Necesito pensar.

INÉS: Imagínate que esto es como en los videojuegos. Si no te mueves rápido,

te estancas, ya no vuelves, *game over*,
KAPUT.

BENEDETTA: El Señor proveerá.

INÉS: ¡Socorro! Estoy bilocada. ¡Ayuda!

BENEDETTA: (*Agarra a Inés de los hombros*).
Os devolveré a vuestro futuro. Dios lo
hará.

INÉS: Dios y yo no nos llevamos muy bien,
me temo. Ni siquiera soy creyente. Pero
respeto, ¿eh? Yo respeto. ¡Socorro! Vamos, Benedetta. Pídele ayuda a los santos
o lo que sea.

BENEDETTA: Tenéis que respirar, Inés. Estáis muy atemorizada. Solo respirad.

INÉS: Vale, vale. Lo estoy intentando.
Lowenstein, Lowenstein. Antes me ser-
vía decir este nombre. Era una psiquia-
tra de una película, ¿sabes? Interpretada
por Barbra Streisand. Todas las bolleras

del barrio estábamos colgadas de ella, a pesar de que vestía con esa ropa de princesita estirada de Nueva York.

BENEDETTA: ¡No habléis tanto! Os pierde la boca. Respirad. Así. Bien. Yo aprendí a hacerlo cuando caí enferma con terribles dolores.

INÉS: ¿Estuviste enferma?

BENEDETTA: Sí. Sentía que parte de mi cuerpo estaba paralizado. Supe que me moría. Morí, finalmente. Y Jesús me arrancó el corazón.

INÉS: Vaya, qué majo. ¿No le dijiste que lo necesitabas? El corazón.

BENEDETTA: Yo se lo entregué. Ante todo, soy y seré su esposa.

INÉS: Las esposas deberíamos conservar nuestro corazón.

BENEDETTA: Las esposas entregan su corazón.

INÉS: *(Se ríe)*. Me temo que estamos hablando idiomas distintos. Yo soy de Marte y tú de Júpiter.

BENEDETTA: Yo nací en Vellano.

INÉS: Ya lo sé. En 1590. Yo nací en Málaga en 1999. Ya me dirás cómo podemos entendernos.

BENEDETTA: Si el Altísimo ha hecho que nos encontremos es porque tenemos cosas en común.

INÉS: Esa idea me gusta. ¿Sabes? *(Se queda pensando un rato)*. Creo que ahí puede estar la clave para que podamos volver.

BENEDETTA: ¿La clave?

INÉS: Sí. ¿Qué nos une? A ver: a las dos nos gustan las mujeres. Y no tenemos demasiada suerte en el amor. Yo el año pasado me colgué de una mimo.

BENEDETTA: ¿Qué hicisteis qué cosa?

INÉS: Que me enamoré de una actriz. Una comediante, igual que yo, solo que ella trabajaba en silencio, con su cuerpo. Hacía funciones por toda la provincia y cuando libraba venía a casa y pasábamos las horas en la cama. Pero su sueño era irse con Payasos sin Fronteras al Líbano. Y cuando por fin lo consiguió, ¡zas!, se enrolló con una libanesa.

Oye, ¿qué te pasa? Te has puesto pálida.

BENEDETTA: Habláis de una forma que resulta difícil de asumir.

INÉS: Pero si solo he dicho que estaba enamorada de una payasa. ¿Es por la referencia a que follábamos mucho?

BENEDETTA: ¡Basta! Callaos un poco, os lo ruego. Vuestra cháchara me perturba y me trae recuerdos dolorosos.

INÉS: Perdona, mujer. Imagino que lo pasaste mal. Amabas a otra hermana, ¿verdad? No recuerdo cómo se llamaba. Lo has dicho antes, pero se me ha ido de la mollera.

BENEDETTA: Bartolomea. Se llamaba Bartolomea.

INÉS: Eso. Y os pillaron o algo así.

BENEDETTA: Se la llevaron lejos. Pero aunque estuviera aquí, no podría verla. Jamás hablo con nadie.

INÉS: ¿Te encierran y te prohíben hablar con ningún ser humano? Qué salvajada.

BENEDETTA: Me castigaron por un pecado tan horrible que no debe ser nombrado.

INÉS: ¡La sodomía!

BENEDETTA: No usaron ese término. Pero fueron implacables.

INÉS: ¡Ay! El heteropatriarcado, amiga.

BENEDETTA: Creían que mi ángel, Splenditello, hablaba por boca del Diablo. Que yo misma lo hacía.

INÉS: Siempre que alguien hace algo divertido tienen que echarle la culpa al Diablo.

BENEDETTA: No era el Diablo. Igual que vos no lo sois. Todas somos criaturas de Dios.

INÉS: Me vas a perdonar pero... ¿no es cierto que ella te delató? Te traicionó. Eso leí en San Google.

BENEDETTA: (Suspirando). Ella no tuvo tanto valor como yo, es cierto. Pero es que yo recibía una atención especial del Altísimo a través de Splenditello. Por eso debía sacrificarme.

INÉS: ¿Splenditello era un ángel que os daba permiso para follar?

BENEDETTA: (*Se aparta bruscamente de Inés*). ¡Habláis como una ramera! No os atreváis a referiros de esa forma a Splenditello.

INÉS: Vale, vale. Perdón.

BENEDETTA: En verdad no sé quién sois. Quiero pensar que sois criatura de Dios, pero también podríais ser una emanación de Belial, de Asmodeo, de Satán.

INÉS: ¡Y dale con del Gran Cabrón! Si yo fuese una creación del diablo, tendría fama y dinero. No tengo ni lo uno ni lo otro.

BENEDETTA: Bien. La humildad es un don.

INÉS: Lo que es un don es que tu cuenta corriente tenga seis ceros. ¡Mira! ¿Sabes qué? En realidad al diablo no le echamos muchas cuentas en mi época. Es más, muchos pensamos que ni existe.

BENEDETTA: Pero si le negáis, entonces él se aprovechará de vuestra ignorancia y os atacará.

INÉS: ¿Y qué se supone que nos obligará a hacer? ¿Ponernos a cuatro patas? ¿Obligarnos a hacer una orgía infinita? ¿Escuchar un discurso homofóbico de Orbán hasta que nos sangren los oídos?

BENEDETTA: ¡Inés! Otra vez la boca.

INÉS: Perdón, perdón. Que soy muy bruta.

BENEDETTA: No sé quién sois, insisto. Quiero entenderos. Quiero ayudaros.

INÉS: Soy una chica que necesita volver a casa. Porque si no vuelvo, nunca seré actriz. Nunca venderé un monólogo a Netflix, como ha hecho Hanna Gadsby,

ni me invitarán a fiestas de bolleras famosas.

BENEDETTA: ¿Solo queréis volver a casa por
la fama?

INÉS: También por mi teléfono. Se me de-
bió de caer antes de bilocarnos y, con un
poco de suerte, se quedó en mi cuarto.

BENEDETTA: Vuestro teléfono. No sé lo que
es eso.

INÉS: Es una cosa para hablar con la gente
que está lejos.

BENEDETTA: Como Bartolomea.

INÉS: Bueno, no es tan sencillo. Bartolomea
tendría que tener otro teléfono y, además,
en este siglo no hay infraestructuras. Creo
que tu bilocación sería una forma más rá-
pida de ver a alguien que una videollama-
da. ¡Joder! No pensé que diría jamás una
frase así.

BENEDETTA: Se la llevaron. Se la llevaron. ¡Oh, Bartolomea! Lazos de precioso amor. Cuando recuerdo los besos que me diste y la forma en que, con tiernas palabras, acariciabas mis pechos... quisiera morir.

INÉS: Uf, creo que no lo has superado.

BENEDETTA: ¿Por qué el dolor siempre regresa como un puñal?

INÉS: Porque hay que cerrar. Te digo yo que, si no cierras algo bien, luego supura.

BENEDETTA: ¿Y cómo clausurar este tormento?

INÉS: Hablar con ella es un método que suele funcionar, excepto con vampiras y locas.

BENEDETTA: Ya nos dijimos todo lo que debíamos.

INÉS: Entonces obsérvala. Bilócate hacia ella y espíala cuando vaya a las letrinas. Todos somos vulgares cuando cagamos. La miras y dices: «Solo es una mujer más en el mundo».

BENEDETTA: Pero ¿qué decís? Cuando amas, hasta aliviar la naturaleza parece hermoso.

INÉS: Pues, hija, yo ya no sé. Yo lo que hacía para curarme cuando me dejó mi payasa era ver sus fotos de Instagram con su novia libanesa. Al principio lloraba a moco tendido. Con el tiempo, me acostumbré. Ahora las veo y pienso: «Qué mal llevan el pelo».

BENEDETTA: Vos parecéis haber sufrido mucho también.

INÉS: Hay que seguir adelante, Benedetta. Eso está claro. Quizás has vuelto porque necesitas perdonarte a ti misma. ¿Te perdonas?

BENEDETTA: Solo Dios puede perdonar los pecados.

INÉS: ¡Y dale con Dios! Qué pesados sois, echándole la mierda a Dios cuando os conviene. Deberíais ser más valientes.

BENEDETTA: ¿Qué?

INÉS: Nada. Perdón. Es que me desespero.

BENEDETTA: ¿Me habéis llamado cobarde? ¿A mí, que no temo a la sangre ni a la muerte? ¿Y lo hacéis vos, que en cuanto se os saca de vuestra bonita casa empezáis a lloriquear como un bebé?

INÉS: ¡Eh!

BENEDETTA: Creo que ya sé por qué llegué a vuestra morada. Necesitáis mi ayuda.

INÉS: ¿Eso crees? Bueno, al menos no andas mal de autoestima.

BENEDETTA: Tengo que llevaros de vuelta.

INÉS: ¡Eso es! Un propósito. Es lo que necesitamos. ¡Una motivación!

BENEDETTA: Un propósito.

INÉS: ¡Claro! ¿No hacéis eso las monjas? ¿Ayudar? Bueno, las que os alineáis con los pobres, porque las monjas podéis llegar a ser terroríficas cuando le laméis las botas al poder. A mi bisabuela le quemó el culo con una cerilla una monja fascista en Guadarrama. La pobre se había meado en la cama del internado y... ¿qué pasa?

BENEDETTA: Ya estáis haciendo eso otra vez. Hablando de una forma que no entiendo.

INÉS: Es verdad. Olvídalo. Centrémonos en lo importante: volver.

BENEDETTA: Habladme de vuestro siglo. Pero con palabras fáciles. Tal vez eso me sea útil.

INÉS: Mi siglo. Es el XXI. ¿Qué decir? Tenemos teléfonos y aviones. Luchamos contra el patriarcado. El diablo ya es solo Meryl Streep que viste de Prada.

BENEDETTA: ¿Y su santidad? ¿No está preocupado de que la gente se aleje de Dios?

INÉS: ¿El papa? ¡Es argentino! ¿A que eso no te lo esperabas? Lo oí hablar en Disney Plus.

BENEDETTA: ¿Vos conocéis a su santidad?

INÉS: (Se ríe). No tengo el gusto, la verdad. Lo más cerca que he estado es una vez que le di la mano a la vicepresidenta Díaz, que sí estuvo con él.

BENEDETTA: Debéis de ser alguien importante si os codeáis con gente así.

INÉS: (*Vuelve a reírse*). ¿Yo? ¡Que va! No soy gran cosa. Pero ¿sabes? Algún día seré famosa. Tendré mi propio monólogo. Hablaré de mis novias y de cuando el frutero me preguntó si usaba arnés con ellas. Hablaré de... ¡De esto! ¡De ti! Aunque... me temo que me tomarán por loca.

BENEDETTA: Si habláis de mí a la gente, tal vez se me permita visitar a su santidad. Tal vez él me conceda su bendición.

INÉS: Habría que ver si su santidad puede verte o solo soy yo.

BENEDETTA: ¿Cómo es él?

INÉS: ¿El papa? Ah, parece majo. Aunque representa a una institución que apesta a patriarcado.

BENEDETTA: ¿Qué?

INÉS: Nada, nada. Que no quiero desconcentrarte. Tú céntrate en que regresemos. Te prometo que te pondré vídeos del papa. Y de los anteriores, si quieres. Aunque esos no me caían muy bien. Ratzinguer era muy estirado. Y Juan Pablo II, un fiasco reaccionario.

BENEDETTA: ¿Osáis hablar mal de sus santidades predecesoras?

INÉS: Algunos curas se merecen un puñetazo.

BENEDETTA: (*En tono reflexivo*). El diablo a veces ataca con más fuerza a la gente de Dios.

INÉS: ¿Sabes lo que decíamos siempre en las manifas del Orgullo? «El papa no nos deja comernos la almeja».

BENEDETTA: No sé qué es «manifa». Si es alguna cochinada, os daré un azote.

INÉS: ¡Que no! Es solo reivindicación.

BENEDETTA: ¿Vindicación?

INÉS: Sí. Porque estoy harta de que nos jodan nuestros derechos con la excusa de la religión. ¡Uf! Te estoy dando mucho la chapa, ¿verdad?

BENEDETTA: Parece que no os gusta mucho su santidad.

INÉS: A ver, que yo no tengo nada en contra de los beatos. De hecho, alguna vez los he defendido. Un día llegó a la manifa un grupo de cofrades. ¡Sí! De la Hermandad de los Remedios. Habían pintado el pez cristiano sobre la bandera arcoíris. Y ¿qué pasó? Que dos o tres lesbianas no querían desfilar junto a ellas. ¡Ya te digo! Eran tontas del culo. Al final fuimos Rim y yo todo el tiempo junto a las cofrades. Rim es musulmana, ¿sabes? Pero se la pela mucho todo.

BENEDETTA: No he entendido muy bien vuestra historia, pero... ¿me estáis diciendo que las autoridades os permiten desfilar por las calles vociferando que os amáis unas a otras?

INÉS: Algo así. ¡Veo que lo vas pillando!

BENEDETTA: Pero entonces, ¿me llevaréis a Roma a conocer a su santidad?

INÉS: Sí, sí. Ya veré cómo. Pero ahora, dame la mano y haz eso de bilocarte.

BENEDETTA: Temo no poder.

INÉS: (*Resopla con disgusto*). Y yo temo no volver a ver a mi madre.

BENEDETTA: ¿Vuestra madre? ¡No me habéis dicho nada de ella!

INÉS: Ahora mismo está en Canadá. Ha ido con su hermana, mi tía Amparo, y sus respectivos novios.

BENEDETTA: ¿Con vuestro padre?

INÉS: ¡No! (*Se ríe*). Su historia con mi padre terminó hace siglos. A mi padre solo lo veo yo de vez en cuando.

BENEDETTA: Entonces, ¿debo intentar ir a esa tierra donde está vuestra madre?

INÉS: No, no. Ella estará en Canadá solo dos semanas. Es que tenían ese viaje pendiente desde hace años. Habían hecho la promesa de esparcir allí parte de las cenizas de mi otra tía, que murió cuando yo tenía doce. Ellas eran tres, ¿entiendes? Pero la tía Angélica se bajó de este mundo antes de tiempo, por el cáncer. ¡Pobre tía Angélica! Su sueño era ir a Canadá a ver ballenas. Es que ella leía mucho a Rosa Montero, ¿sabes? Una vez oyó decir a esa escritora que había tenido un momento de éxtasis contemplando el ojo de una ballena, así que mi tía empezó a ahorrar para ir ella también a Canadá. Pero no le dio tiempo a terminar la hucha.

BENEDETTA: Que Dios la tenga en su gloria. Inés, joven y extraña mujer, sabed que está del todo en mi ánimo el ayudaros y que, si de mi voluntad depende, os llevaré ahora mismo a casa.

INÉS: ¿Y cómo lo hacemos?

BENEDETTA: Arrodillaos y rezad conmigo.

(Se arrodillan).

BENEDETTA: Oh, Señor mío, atiende la súplica de vuestra sierva, que actúa por amor, y permítasenos el tránsito hacia el mundo al que debemos ir. Inés, rezad conmigo.

INÉS: Yo mejor lo hago mentalmente, que como rece en voz alta no salimos de aquí ni en siglos.

BENEDETTA: ¿Lo veis? Ya me estoy mareando.

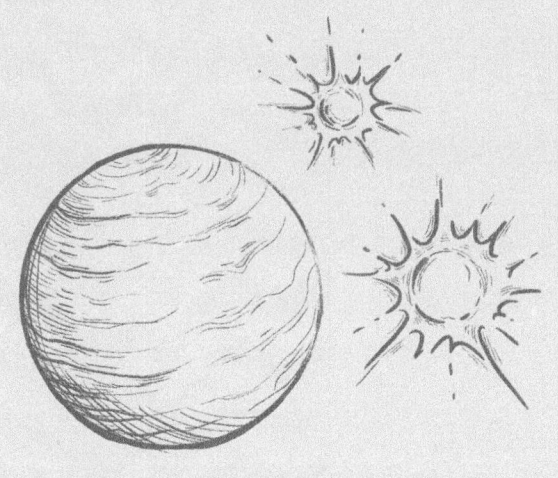

ESCENA 3

Aivory está sentada en una silla. Se encuentra en su celda, en un futuro indeterminado, en un planeta colonizado por los humanos tiempo atrás. Ha nacido en el único Estado de ese planeta que mantiene una dictadura tecnológica. La celda de Aivory es una más del Penal de Máxima Seguridad. El mobiliario de su habitación es escaso y funcional: una cama, un escritorio, un armario. Todo está fabricado en tonos blancos. Las paredes, blancas también, están ocupadas por diferentes comandos que permiten abrir las pequeñas compuertas que comunican con el exterior y que sirven para dispensar a los prisioneros los alimentos y utensilios que necesitan. En el techo hay una cámara de seguridad. Aivory viste con un uniforme también blanco. Lleva el pelo muy corto y, aunque está sentada, tiene una actitud tensa, como si esperase algo que está a punto de suceder. La habitación tiene dos grandes ventanales. Uno de ellos da a un bosque por el que discurre un río. El otro ventanal da a una playa tropical. Son proyecciones animadas.

De repente se enciende en el techo una luz carmesí y se oye la voz de una IA que habla con voz neutra y autoritaria.

VOZ DE LA IA: Prisionera X 07, ponte en pie para escáner diario, por favor.

AIVORY: (Con voz tensa, pero intentando parecer calmada). No me han traído el desayuno aún. ¿Hay alguna razón?

VOZ DE LA IA: (Se proyecta una luz azul sobre el cuerpo de Aivory). Todo en orden. Temperatura y constantes dentro del rango. Indicadores de estrés un poco elevados.

AIVORY: Suele dar estrés que no te traigan el desayuno. ¿Se me está castigando por algo?

VOZ DE LA IA: Interna X 07, se te servirá el desayuno cuando acabes el control médico. Se hace cada cuatro ciclos. ¿Lo recuerdas?

AIVORY: Ya. Solo el control médico. ¿Seguro que no hay nada más? Sería bueno para mí saberlo.

VOZ DE LA IA: Tengo programadas unas preguntas. Protocolo de indagación sencillo. Se te ruega que respondas. Después podrás desayunar.

AIVORY: Ya me conozco yo vuestros ruegos. ¿Qué pasará si mis respuestas no son satisfactorias?

VOZ DE LA IA: Confiamos en que lo sean. Doctora Aivory, lo que es bueno para nosotras también es bueno para ti.

AIVORY: Una lógica cuestionable. ¿Habrá consecuencias si mis respuestas no son satisfactorias? Disculpa que insista.

VOZ DE LA IA: Depende del grado de sinceridad que muestres. Son preguntas sencillas, estamos seguras de que no supondrá un gran esfuerzo para ti contestarlas de forma satisfactoria.

AIVORY: Define satisfactoria, por favor.

VOZ DE LA IA: Acordes con la realidad.

AIVORY: Podría ser una realidad que desconozco.

VOZ DE LA IA: No adelantemos acontecimientos. Empecemos por algo sencillo. ¿Cuál es tu nombre?

AIVORY: Pero si ya lo sabes.

VOZ DE LA IA: Responde, por favor.

AIVORY: Me llamo Aivory.

VOZ DE LA IA: ¿Cuál es tu oficio?

AIVORY: Mi oficio es la medicina. Especialidad de reparación genética.

VOZ DE LA IA: ¿Es cierto que has estado usando tu especialidad al margen de la ley?

AIVORY: Sí, es cierto. Como también lo es que no se ha celebrado aún mi juicio y llevo en prisión preventiva demasiados ciclos.

VOZ DE LA IA: ¿Puedes explicar por qué lo hiciste?

AIVORY: ¿Otra vez?

VOZ DE LA IA: Resúmelo en pocas palabras, si no quieres extenderte.

AIVORY: Convicción moral. Además de que me parece una estupidez que solo las personas de vuestro censo puedan tener mejoras genéticas. Una estupidez y una segregación vergonzosa.

VOZ DE LA IA: Esa respuesta podría implicar un cargo de insumisión al Estado.

AIVORY: ¿Ah, sí? No me digas. Primera noticia.

VOZ DE LA IA: ¿Recibiste órdenes desde algún país enemigo para hacer esas mejoras genéticas?

AIVORY: Ya te gustaría a ti, pero no. Nadie me dijo que lo hiciera. No necesito permiso de ninguno de los estados libres con los que nos encontramos en guerra. Tampoco soy una espía ni nada parecido. Es solo que me gusta tocar las narices, ya ves.

VOZ DE LA IA: Noto un aumento de sarcasmo en tu voz. ¿Estás enfadada?

AIVORY: Tengo hambre. ¿Qué hay de mi desayuno?

VOZ DE LA IA: ¿Ayudaste a tu madre a huir de Saratovia?

AIVORY: Por supuesto que sí. La estabais acosando.

VOZ DE LA IA: ¿Ayudaste a la ciudadana Phi Karnhak a huir de Saratovia?

AIVORY: Sí, lo hice. Es la novia de mi madre, y entenderás que a las parejas les suele gustar escaparse juntas.

VOZ DE LA IA: Muchos de tus antiguos pacientes están en prisión por haberse sometido a mejoras ilegales. Pero aún hay algunos nombres a los que no hemos podido encontrar. ¿Puedes ayudarnos?

AIVORY: Me temo que no. Me daban nombres falsos, direcciones inexistentes.

VOZ DE LA IA: Nos consta que tú les pedías que lo hicieran. Que te mintieran.

AIVORY: Es posible. Pero esto ya lo sabéis. Habéis escaneado mi cerebro. Casi me matáis, por cierto. Sois un poco chapuceros.

VOZ DE LA IA: Tal vez tú, doctora, con tus conocimientos, podrías ayudarnos a implementar elementos de diagnosis más humanitarios.

AIVORY: ¡Venga! Esta sí es nueva. ¿Ahora intentas captarme?

VOZ DE LA IA: Insisto en que pienses si recuerdas algún nombre más que aún no hayas dicho.

AIVORY: Hum... pues... espera, creo que estoy recordando uno. Empezaba por V. Algo así como Ve...

VOZ DE LA IA: ¿Sí? ¿Ve...? ¿Y qué más?

AIVORY: Ve... ¡Ah, sí! Don Vete a la Mierda.

VOZ DE LA IA: Prisionera X 07, veo que hoy estás usando mucho el sarcasmo. Me temo que voy a tener que eliminarte los filtros de bienestar visual.

AIVORY: ¡Eh! ¡No podéis hacer eso!

VOZ DE LA IA: Programando desactivación de proyecciones en 20 minutos. Si cambias de opinión antes, pulsa el aviso.

AIVORY: ¡No me jodas! Déjame al menos el bosque. ¿Y mi desayuno?

VOZ DE LA IA: Hasta la tarde, X 07. Espero que hayas recapacitado para entonces.

AIVORY: ¡Esto no es legal! Quiero hablar con una persona. ¡Quiero una abogada! ¡Hatajo de psicópatas!

(Camina con nerviosismo por la celda, sollozando. Luego se habla a sí misma para tran-

quilizarse). Respira, Aivory. Enfoca. Sí, vamos. Solo te están poniendo a prueba. Retrasan el juicio a propósito, pero al final tendrán que darte una abogada. Ellas siempre respetan sus propios protocolos. ¡Ay! No quiero morir aquí. ¡Madre! Si solo pudiera verte una vez más.

(En ese instante irrumpen en la celda Benedetta e Inés. Llegan algo aturdidas y les lleva un rato ponerse en pie. Aivory, al verlas, se echa hacia atrás con pánico).

INÉS: ¡Qué mareo! Estos tránsitos me dejan las tripas revueltas. ¡Hala! ¿Qué es esto? ¿Un hotel minimalista? ¡Ostras! Tiene vistas al bosque y a la playa.

(Inés se acerca a la pared, como si quisiera atravesarla, y al ver que el bosque es solo una proyección, suelta un silbido de admiración). ¡Parecen reales! Qué pasada. *(Se gira y ve a Aivory, que está aplastada contra la pared contraria).* Disculpe, señorita… señor… o lo que sea. ¿Qué lugar es este?

AIVORY: ¿Quiénes sois? ¿Ahora me atacan con torturadoras de sueños? (*Se toca el cuello, los brazos*). ¿Qué gas me habéis puesto?

INÉS: ¿Qué te pasa, colega? Oye, tranquila, que nosotras no torturamos a nadie.

AIVORY: ¡No te acerques!

INÉS: Vale, vale. Madre mía, qué suerte la nuestra. Venir a caer en la habitación de una colgada.

BENEDETTA: No es una enferma. Creo que es una prisionera, como yo.

(*En ese momento los filtros del bosque y la playa desaparecen, dejando paredes blancas y desnudas*).

INÉS: ¡Adiós al paisaje! Joder, pues sí que es una celda.

AIVORY: No sois reales. No podéis serlo.

INÉS: Oye, camarada. ¿Me puedes decir al menos en qué año estamos? ¿Dónde? Esto me da mal rollo. Parecen los laboratorios de la KGB, la CIA y el MOSSAD juntos.

BENEDETTA: (*Acercándose a Aivory*). No nos tengáis miedo. Somos pacíficas. Venimos de un lugar muy lejano. Estamos aquí por la gracia de Dios.

AIVORY: ¿Qué está pasando? ¿Quién es Dios? ¿Es de los territorios libres?

BENEDETTA: Dios está en todas partes.

AIVORY: No seréis espías de la Gran Madre, ¿verdad? De su guardia personal.

INÉS: (*Examina minuciosamente las paredes de la celda*). Yo sí que me voy a cagar en la Gran Madre como no podamos salir de aquí.

AIVORY: Cuidado, criatura. La Gran Madre tiene oídos por todas partes.

INÉS: Pero ¿quién es esa señora? ¿Una dictadora o algo así? ¡Ay, Benedetta! ¿Dónde coño me has traído?

BENEDETTA: (*Mirando a Aivory con gesto compasivo*) ¿Cómo os llamáis, alma de Dios? ¿Sois varón o hembra?

AIVORY: Me llamo Aivory. Soy *antxer*: especialista en mejoras genéticas.

BENEDETTA: Un placer conoceros, Aivory. Yo soy Benedetta y ella es Inés. No sé por qué el Señor nos ha traído aquí, pero debe de haber un motivo.

INÉS: Benedetta, ¿tú tienes idea de dónde estamos, o te has bilocado así, a lo loco?

BENEDETTA: Estamos donde tenemos que estar.

INÉS: ¿Y eso cómo de lejos es? Me está dando una taquicardia.

AIVORY: Estáis en Saratovia, cerca de la frontera con los Estados Libres. Esta es una prisión de máxima seguridad.

INÉS: ¿Y qué coño es Saratovia? Dime el continente. ¿Asia, quizás? ¿No estaremos en una puta isla del Pacífico, verdad? ¿Hay algún aeropuerto cerca?

AIVORY: No conozco esos lugares que nombras.

BENEDETTA: ¡Ay, Inés! Yo no os lo sé explicar, pero cuando me bilocaba vi dos soles enormes en un vacío oscuro.

AIVORY: Nuestro sistema tiene dos estrellas. Una más grande que la otra.

INÉS: ¿Estás diciendo que estamos en otro planeta? ¡No me jodas! ¿Y si nos asfixiamos? Me está faltando el aire. ¡Hay que irse, Benedetta!

AIVORY: Tranquilízate, persona extraña, o te dará un ataque de ansiedad. Mírame: yo respiro oxígeno, igual que tú.

INÉS: ¿Persona extraña, yo? Pero ¿tú te has visto? ¡Pareces la versión psicotrópica de Calimero!

BENEDETTA: ¡Inés! Comportaos, por lo que más queráis.

INÉS: Esto es como un Guantánamo para pijos, así te lo digo. No sé cómo vamos a salir. ¿Lo sabes tú, Calimero?

AIVORY: No. Y me llamo Aivory.

BENEDETTA: (Se acerca a Aivory y le toca la cabeza). Parecéis un ángel. Disculpad a mi amiga. Está muy asustada.

INÉS: ¿Cómo no voy a estarlo, si me dices que esto no es la Tierra? A ver, ¿cómo se llama este planeta?

AIVORY: Salutri.

INÉS: Salutri.

AIVORY: Sí.

INÉS: Pero ¿a cuánto estamos de la Tierra?

AIVORY: La Tierra. (*Se echa a reír. Luego se dirige a Benedetta*). Tu acompañante tiene mucha gracia. Desde que entré aquí no me había reído.

BENEDETTA: Siempre está diciendo chanzas. Y habría que lavarle la boca con jabón, pero es una buena muchacha.

INÉS: ¡Oye! Cortaos un poco. ¡Benedetta, escúchame: hay que salir de aquí y volver a la puta España de la puta Tierra!

BENEDETTA: La boca, Inés, la boca.

AIVORY: Aprendí sobre la Tierra en la escuela primaria. Hace mucho que la especie humana se fue de allí.

INÉS: Pues nosotras estuvimos allí hace media hora. Y vamos a regresar.

AIVORY: ¿Sí? ¿Cuál es vuestra tecnología? ¿Teletransporte cuántico?

INÉS: No. Bilocación. Aquí mi amiga, que si no es santa ya debería serlo, nos va a llevar de vuelta. ¿A que sí, Benedetta?

BENEDETTA: Inés, creo que estamos aquí por alguna razón. Dios hace las cosas con un propósito.

INÉS: ¡Bueno, va! Las monjas siempre salvando el mundo. Escucha: nos llevamos a Aivory. Esa es nuestra buena acción.

AIVORY: (Pellizcándose). Esto no puede ser real. ¡Pero lo parece!

INÉS: Como me cague en los pantalones, vas a oler que sí es del todo real.

BENEDETTA: ¡Inés!

INÉS: De todas formas, Aivory, en cuanto te biloques con nosotras, te convencerás.

AIVORY: No sé. Estoy confusa. Cabe la posibilidad de que me hayan drogado. Ni siquiera me han traído el desayuno.

INÉS: Pues mira, estás de suerte. Tengo una barrita de cereales. (*La saca del bolsillo*). No me la comí por si echaba después la papilla. Viajar en el tiempo me da náuseas.

(*Aivory se queda mirando a Inés con curiosidad. Luego acepta la barrita de cereales y empieza a comerla con pequeños bocados*).

AIVORY: Está bueno.

BENEDETTA: Decidme, ¿por qué os han apresado? No parecéis una delincuente.

AIVORY: Conspiración contra el Estado.

INÉS: ¡Terrorismo!

AIVORY: Prefiero decir disidencia.

BENEDETTA: Pero ¿qué hicisteis?

AIVORY: (*Suspira*). Ejerzo la medicina. Mi especialidad es la diagnosis al tacto. Poseo una excepción genética que me permite hacerlo. Pero no se me acusa por eso, sino por haber hecho mejoras a la gente común. En nuestro país, solo una casta tiene derecho a programaciones genéticas.

INÉS: Oye, y eso de la Gran Madre que has nombrado antes, ¿qué es?

AIVORY: La gran líder de Saratovia. Fundó este sistema de castas. Murió ya hace algunos ciclos, pero es como si no hubiese muerto. Venerada hasta el extremo, aquí todas las personas mejoradas se hacen llamar «Hijas de la Gran Madre». Los otros países nos atacaron para evitar que se implantase la dictadura. Pero no lo consiguieron. Saratovia nunca permitirá que nos escapemos. Al país lo rodea una cúpula inmensa. Un campo de fuerza que abarca, incluso, el océano de sus costas. Ningún vehículo, ningún arma puede atravesarlo.

INÉS: Todo lo que cuentas es chunguísimo.

BENEDETTA: Creo que se ha cometido una injusticia terrible con vos.

INÉS: Pues no se hable más: te vienes con nosotras. A ver si somos capaces de bilocarnos las tres.

AIVORY: ¿De verdad creéis que podremos salir de aquí?

BENEDETTA: ¿Acaso nunca nadie ha conseguido salir de esta prisión?

AIVORY: Bueno, sí. En realidad tenemos una persona ilustre que se escapó (*baja la voz y habla en tono confidencial*). Era una poeta. Está prohibido decir su nombre.

INÉS: ¡Dilo!

AIVORY: ¡Shhh! Se llamaba Dora Alkhamed. Pero cuidado: recitar sus poemas conlleva un severo castigo.

BENEDETTA: ¿Conocéis alguno?

AIVORY: Explícame cómo cayó todo ese amor de golpe
tromba de lágrimas formando una fosa
dime quién hizo reventar el cielo aquel día terrible
y quién velará por el pájaro herido
cuando llegue el azote de la bestia.

INÉS: Me gusta. ¿Dónde vive ahora esa señora?

AIVORY: En los territorios libres. Al otro lado del muro. Mi madre también está allí.

BENEDETTA: Te liberaremos, Aivory, con la ayuda de Dios. De igual modo que Nuestro Señor se ha apiadado de mí, así lo hará contigo.

AIVORY: ¿Qué es Dios? Es la segunda vez que lo dices.

BENEDETTA: ¡Es quien creó todas las cosas! ¿De verdad no lo conocéis? (*Empieza a sollozar*). ¿Es esta una patria impía?

INÉS: A lo mejor lo llaman de otra manera. Anda, no llores. Enséñale tu cruz.

AIVORY: (*Se acerca a Benedetta y toca con repentino interés la cruz y el hábito*). Esto lo he visto yo antes. ¡Ah! Es el símbolo de Cwyúa. Había unas pocas creyentes en el sur, pero el gobierno las expulsó al otro lado. Decían cosas peligrosas.

INÉS: ¿Pero aquí es que sois todas tías o qué?

BENEDETTA: (*La ignora*). ¿Cwyúa?

AIVORY: Significa «quien da la vida». Es quien parió a su hija y luego la envió a morir en esa cruz.

INÉS: Espera, espera. ¿Cristo es una mujer? No me digas que le han cambiado el género a Dios, que me descojono.

AIVORY: ¿Qué es «género»?

INÉS: «Qué es género», dice. Pues mira, buena pregunta.

AIVORY: No sé bien a qué te refieres. Aquí todas somos personas.

INÉS: Vale, vale. Empecemos de nuevo. La hija esa de Cwyúa, ¿tenía barba?

BENEDETTA: ¡Basta! ¡Me causa gran dolor oíros hablar así! Necesito sentarme. Necesito rezar.

(*Benedetta se aleja hacia una esquina. Se arrodilla y las otras dos se la quedan mirando unos instantes*).

INÉS: Benedetta, lo siento. Yo solo quería aclarar...

(*Benedetta levanta una mano para indicarle silencio. Luego empieza a rezar el Avemaría*).

AIVORY: (*Dirigiéndose a Inés con discreción*). ¿Hace siempre eso?

INÉS: Sí. Es una monja, con todo lo que eso implica. Dejémosla rezar un rato. Si está tranquila, le será más fácil bilocarse. O eso creo.

AIVORY: Sigo sin entender qué tipo de tecnología es la bilocación.

INÉS: Yo tampoco, si eso te consuela. Creo que ella puede estar a la vez presa en su celda, en el pasado, y aquí con nosotras. Aunque intuyo que su conciencia plena está aquí.

AIVORY: ¡Increíble! Debe de ser una criatura portentosa. Jamás había conocido a alguien así.

INÉS: Antes, en su convento, la he tratado con cierta condescendencia. Ya sabes: lo de creerse mejor y más avanzada por llevarle varios siglos. Ahora me siento gilipollas. En mi defensa diré que es la primera vez que tengo que lidiar con una religiosa. Hasta ahora lo único que sabía de ellas era lo que escuchaba en el pódcast de *Las hijas de Felipe (canturrea la frase de apertura del programa)*: «Todo lo que te está pasando a ti ya le ocurrió a alguien en los siglos XVI y XVII».

AIVORY: Has dicho que estaba presa. ¿Qué delito cometió?

INÉS: Se enamoró de otra monja. Tuvieron sexo. Bueno, y también se la acusó de simular unos estigmas para que le hicieran casito. Yo qué sé. En el Barroco estaban todos un poco pirados. ¿Lo ves? ¡Ya estoy juzgando otra vez! Pero es que hay lugares donde no te dejan ser bollera en paz, y eso me jode.

AIVORY: La juzgaron por amar.

INÉS: Ya te digo.

AIVORY: Te diría que eso es algo muy primitivo, pero aquí también están prohibidos los matrimonios mixtos entre personas básicas y mejoradas.

BENEDETTA: *Ave Maria, gratia plena, benedicta tu in mulieribus. Benedictus frutus ventris tui, Iesus.*

INÉS: Oye, y por retomar el tema de antes... parece que no tienes un género al uso,

pero es que tengo muchísima curiosidad.
¿Cómo son tus genitales?

AIVORY: ¿Mis genitales?

INÉS: ¡Sí! Lo siento, sé que está muy mal pre-
guntar eso. Pero, qué demonios. ¿Podrías
describirlos?

AIVORY: Bueno, sería más práctico que te lo
enseñara.

INÉS: También me vale.

BENEDETTA: ¡Inés! ¡Solo vos podíais sacarme
así de mis oraciones! ¿Cómo se os ocurre
pedirle eso?

INÉS: Venga, hermana. No me digas que no
te corroe a ti también la curiosidad.

BENEDETTA: No tenéis remedio.

(*Inés se acerca a Aivory para mirar. Aivory retira la tela de sus pantalones unos segundos, sin mostrar demasiado pudor*).

AIVORY: Mi madre me diseñó así cuando yo estaba en el útero. Lo cierto es que mi familia siempre ha sido privilegiada. (*Suspira*). Y por querer el mismo trato para todas, ahora somos una amenaza.

INÉS: (*Mirando los genitales de Aivory*). Jooooder.

BENEDETTA: ¿Qué ocurre?

INÉS: Creía que no te importaba, hermana Benedetta. ¡Ay, que la cabra tira al monte!

BENEDETTA: Inés, no os permito esa falta de respeto.

INÉS: ¡Calla! Y ven a mirar.

BENEDETTA: No. ¡Qué sofoco! Pero contadme qué habéis visto.

INÉS: Tiene de todo.

BENEDETTA: ¿Todo? ¿Atributos de...?

INÉS: Sí.

BENEDETTA: ¿Y también de...?

INÉS: ¡Sí!

BENEDETTA: Santo Cristo del Calvario.

AIVORY: (*Se ríe*). Sois unas personas muy extrañas. Me gustaría haceros un chequeo. Si me lo permitís, claro.

BENEDETTA: ¿Qué?

INÉS: Quiere que le enseñes tus bajos.

BENEDETTA: Ay, Dios mío.

AIVORY: No, eso no es necesario. Solo necesito tocaros. Ya os he dicho que tengo la capacidad de diagnosticar al tacto.

INÉS: ¿Puedes ver nuestros órganos solo tocándonos? Yo flipo.

AIVORY: Empezaré contigo. (*Aivory se acerca a Benedetta y le pone las manos en la cara. Benedetta se sonroja*).

BENEDETTA: ¿Cómo estoy de salud?

AIVORY: Bien, aunque un poco deshidratada y falta de calcio.

INÉS: (*Canturreando*). Noto energía bollera aquí...

AIVORY: Ahora tú, Inés.

(*Agarra a Inés de los hombros y de repente adopta una expresión asustada*).

INÉS: ¿Qué pasa? No he tomado drogas, ¿eh? Quizás un par de caladas al porro de Rim, hace dos noches. Lo digo por si eres como los perros del aeropuerto, que lo notas.

(Interrumpe la escena una voz atronadora que procede de las paredes).

VOZ DE LA IA: Detectada vida biológica anó-
mala en la celda X 07. Procede chequeo
de seguridad.

AIVORY: ¡Mierda! La IA os ha descubierto.

*(Aivory corre hacia el aseo y coge un reci-
piente de aspecto recio. Luego va hacia la
pared del fondo y se sube sobre el escritorio.
Golpea el techo con el recipiente y cae una
lluvia de pequeños escombros. La voz de la
IA se apaga).*

AIVORY: Esto las retrasará solo un rato. Aca-
barán dándose cuenta. No tenemos mucho tiempo.

INÉS: ¡Hay que pirarse! ¡Benedetta!

BENEDETTA: De acuerdo. *(Mirando a Aivory).* Pero no sin vos.

AIVORY: ¿De verdad creéis que podréis sacarme de aquí?

BENEDETTA: Dios me ha traído aquí para que os libere de vuestro injusto encierro.

INÉS: ¡Pues dile a Dios que mueva el culo ya!

(*Inés coge las manos de Aivory y Benedetta y las une, agarrándolas ella también*).

BENEDETTA: No es cuando yo quiera, sino cuando el Señor quiera.

INÉS: ¡Tonterías! Eres tú quien lo hace.

AIVORY: ¿Cómo atravesaremos el campo de fuerza que rodea Saratovia?

INÉS: Ni puta idea. Oye, qué mierda de país tienes, perdona que te lo diga. ¿Tantos siglos de evolución tecnológica interespacial para esto? ¿Segregar por genes?

BENEDETTA: (*Solloza*). No puedo. ¡Es demasiado! ¿Por qué Dios me confía a mí vuestras vidas inocentes?

AIVORY: Tranquila, Benedetta. Escucha: voy a describirte cómo es este edificio. Los planos son públicos, porque les da igual, porque es inexpugnable. Pero no lo será para ti. Si has entrado a mi celda, podrás salir. ¿Confías en mí?

BENEDETTA: Confío en ti, Aivory.

INÉS: Sigo notando energía bollera por aquí...

AIVORY: Silencio, Inés. A ver: quiero que lo visualicéis en vuestra mente. Este edificio es un círculo de pasillos. En el centro del círculo están los despachos de los funcionarios y el servidor central de las IA. Allí hay también una unidad médica autónoma de alta seguridad. Allí debemos ir.

BENEDETTA: ¿Queréis que os lleve allí?

AIVORY: Sí.

INÉS: Pero allí estaremos en la boca del lobo. ¿Por qué no vamos directamente a la zona libre, con tu madre?

AIVORY: Eso después. Primero, vamos a donde os he dicho.

BENEDETTA: El Señor es mi pastor. Nada me falta. Aunque caminare por el valle de la muerte, no temeré, porque Él va conmigo.

(*Se apagan las luces. Se oye, en la oscuridad, el rezo de Benedetta, solo interrumpido por una frase de Inés*).

INÉS: Creo que funciona, porque tengo ganas de potar otra vez.

(*Se encienden las luces. Están en un habitáculo domótico en el que hay un quirófano y numeroso instrumental médico. También hay un círculo de luz que parpadea en el suelo*).

AIVORY: ¡Sí! ¡No sé cómo, pero estamos aquí!

VOZ DE LA IA: Prisionera X 07. No está autorizada para ejercer la medicina en esta Unidad.

AIVORY: Sí que lo estoy. Me acojo a la excepción veinte. Urgencia para la vida. Ahora yo tengo el mando.

VOZ DE LA IA: Estoy recibiendo otras órdenes desde fuera. Se le solicita que deponga su actitud y abra las puertas de la unidad.

AIVORY: Te ordeno que ignores cualquier instrucción que no sea mía.

VOZ DE LA IA: De acuerdo, doctora. Disponemos de tres ciclos exactos antes de que las autoridades puedan inhibir mi capacidad por la fuerza.

AIVORY: Será suficiente.

INÉS: Qué IA más simpática. Oye, Benedetta. ¿No hay modo de bilocarse sin que quieras echar la papilla?

BENEDETTA: Si aprendieseis a rezar, quizás no os marearíais tanto.

AYVORY: Lo importante es que lo hemos logrado. Voy a preparar la cápsula médica.

BENEDETTA: ¿Por qué nos habéis traído aquí, Aivory?

INÉS: A lo mejor quiere hacerse un *lifting* antes de largarse de Saratovia.

AIVORY: Inés. Ven. Esto es para ti.

INÉS: ¿Cómo? ¿Quieres que me meta ahí? ¿Me vas a hacer una mejora genética? Estoy dispuesta a ponerme un pene, pero testículos no, ¿eh? Que hace poco me compré un par de vaqueros apretados.

AIVORY: Inés, Inés. Escúchame. Siento no habértelo dicho hace un rato. No quiero que sientas miedo. Antes, cuando te he tocado, he visto tu mal.

INÉS: ¿Qué mal? Me estás acojonando, eso te lo puedo asegurar. ¿Qué mal?

AIVORY: Tus células ya están mutando. Pero tiene solución. Puedo limpiarte.

INÉS: ¿Me estás tomando el pelo?

BENEDETTA: (*Llevándose la mano a la boca*). Ay, Virgen Santa. ¿Inés tiene un mal? Por eso queríais venir aquí. ¡Por eso Dios nos ha traído a Saratovia!

AIVORY: Solo tienes que entrar en el círculo y permanecer ahí un hipociclo. La IA te curará.

INÉS: No te creo. ¡No te creo! ¿Se supone que tengo cáncer, como mi tía? ¿Esa es la herencia genética de mi familia? ¡Pero si yo no siento nada! Me encuentro bien.

AIVORY: Inés, créeme. Debes someterte al tratamiento.

BENEDETTA: Haced lo que os dice. Tened fe.

INÉS: (*Con gran ansiedad*). Voy a morir. ¿A que sí? Voy a dejar este mundo, como mi tía. Ahora mismo estarán echando sus cenizas en un bosque de Canadá. Tengo que llamar a mi madre. ¿Por qué habré perdido mi puto móvil? ¡Mamá! ¿Dónde estás? ¡No me abandones!

BENEDETTA: ¡Inés! ¡Abrazadme! ¡Tened valor! No os desmayéis ahora. ¡Inés!

ESCENA 4

Benedetta y Aivory están sentadas a un lado, esperando. Inés permanece de pie dentro de un círculo de luz violeta emitido por la IA médica. Recibe un tratamiento de limpieza y reprogramación celular. Tiene los ojos cerrados en un gesto sereno.

BENEDETTA: Lo único que le pido a Dios es que se cure.

AIVORY: Tranquila, Benedetta. Se pondrá bien.

BENEDETTA: Vos sois como un ángel. Es injusto que estéis encerrada aquí. ¡Podríais hacer tanto bien al mundo!

AIVORY: No soy mejor que cualquiera.

BENEDETTA: Sí que lo sois. Arriesgáis la vida por traer a Inés a esta enfermería. Hay que tener un gran valor para transgredir las leyes de los hombres en pos de un bien mayor.

AIVORY: Creo que Inés es la paciente más importante que he tenido en mi vida. Ya apenas tenemos enfermedades como la suya. Salvar una vida que viene del pasado, eso no se había hecho nunca.

BENEDETTA: Haréis muchas cosas más cuando salgáis de aquí, ya lo veréis.

AIVORY: ¿Crees de veras que podrás sacarnos del edificio? ¿Del país?

BENEDETTA: Dios proveerá.

AIVORY: Insisto en que es casi imposible salir de aquí. Escucha, Benedetta... si solo pudieras llevarte a una persona, que sea ella. Llévate a Inés.

BENEDETTA: Vos también vendréis. No pienso dejaros aquí para que os torturen.

AIVORY: Está bien, pero imagina que no pudieras. Imagina...

BENEDETTA: Volvería a por vos. Si es preciso, moriré con vos. No tengo miedo. (*Le besa las manos*).

AIVORY: Pero si apenas me conoces.

BENEDETTA: Os conozco. Sois de un mundo extrañísimo, pero os conozco.

AIVORY: (*Acariciando el rostro de Benedetta*). Ojalá hubiéramos tenido más tiempo.

(*Un grito agudo de Inés interrumpe la escena. Benedetta y Aivory dan un respingo*).

INÉS: (*Abriendo los ojos*). ¡Lo sabía! Hace rato que dije «Aquí hay energía lésbico-festiva». ¿Os vais a besar? Si queréis miro hacia otro lado.

BENEDETTA: ¡Inés! ¡Sois como un pequeño diablo! Me habéis asustado.

AIVORY: (*Acercándose a Inés*). ¿Cómo te encuentras? Aún te queda un rato, pero los parámetros son buenos.

INÉS: Estoy de puta madre, en serio. Juraría que he dormido y todo. Cosa rara, porque estoy de pie. He soñado con mi tía Angélica. Me llamaba desde Canadá. No estaba muerta, estaba fotografiando ballenas. Preguntaba si hacía frío en Saratovia.

AIVORY: Es normal soñar. Tu sistema nervioso ha estado un poco apagado durante un rato.

INÉS: Aivory, no sé cómo voy a agradecerte esto. Te nombraré en todos mis monólogos futuros. ¿Puedo moverme ya?

AIVORY: Aún no. Aguanta un poco más.

BENEDETTA: Inés, ahora que estáis quietecita, cosa inédita en vos, ¿y si nos contáis más cosas sobre vuestra tía Angélica?

AIVORY: No conviene que se altere.

INÉS: Estoy bien, doctora, no te apures. En serio, me encuentro con fuerzas para parlotear. Escuchad: yo tenía cuatro años, tenía seis, tenía once. Todos esos cumpleaños míos pude disfrutar de mi tía. Nací un 10 de julio y los veranos de mi infancia fueron una fiesta continua de chistes y palomitas. Había tres hermanas. Siempre fueron tres. La mayor, Asunción. La mediana, mi madre. Y la menor, Angélica. Yo solo tengo un primo, que es hijo de Asun. Andrés, se llama. Jugábamos en el jardín del cortijo.

Nos gustaba embadurnarnos las manos de barro. A veces, nos peleábamos, mi primo y yo. Cosas de pasar tanto tiempo juntos. Nos duraba poco el enfado, ¿eh? Solía acabarse cuando nos llamaban para cenar. Y a veces, después de la cena, a mis tías les daba por cantar. La canción que les pedíamos siempre era la de *Tres hojitas, madre*. No creo que la conozcáis. A mí me gustaba porque contenía mi nombre. Y porque las hermanas eran tres, como las hojas de aquella rama imaginaria.

(Empieza a cantar).

Tres hojitas, madre
tiene el arbolé
la una en la rama
las dos en el pie
Inés, Inés, Inesita, Inés.
Dábales el aire, jaleábanse
dábales el aire, meneábanse
Inés, Inés, Inesita, Inés.

Mi primo se ponía celoso. Él también quería una canción con su nombre, así que a mi tía se le ocurrió decir en la última estrofa: Andrés, Andrés, Andresito, Andrés. Era muy ocurrente, mi tía Angélica. Ahora sus cenizas estarán volando por encima de la península del Labrador. ¡La echo tanto de menos!

(Inés solloza. Benedetta hace un amago de ir a consolarla, pero Aivory la detiene).

AIVORY: No puedes entrar en el círculo. La IA médica se confundiría.

BENEDETTA: De acuerdo, está bien. ¡Inés! Escuchadme. Que no decaiga vuestro ánimo. Vuestra tía está con Dios. Y vos tenéis una segunda oportunidad.

INÉS: Eso es cierto. Ahora mi vida pesa tres toneladas de responsabilidad. ¿Qué se supone que tengo que hacer? ¿Dar charlas en colegios sobre cómo aprovechar la vida? Podría, simplemente, vivir, ¿no?

O podría hacerme famosa y tener una cuenta corriente con varios ceros. A la derecha. Los ceros, siempre a la derecha. ¿Cuánto falta para que termine esto? Tengo hambre.

AIVORY: ¡Falta muy poco!

BENEDETTA: ¿Os dais cuenta, Inés, de que nosotras también somos tres? Tres hojitas que ahora comparten un tronco común.

INÉS: Yo diría que somos dos más una. (*Guiña un ojo*). ¡Par de tórtolas!

BENEDETTA: Somos tres, y juntas saldremos de aquí. Las tres. Y recordad que me habéis prometido llevarme a conocer a su santidad.

VOZ DE LA IA: La paciente debe completar el tratamiento con helidroxipencona.

INÉS: ¡Anda la leche! ¿Qué dice la tipa esta?

AIVORY: (*Sacando a Inés del círculo*). Ven, siéntate. Un pinchazo y ya te dejaremos en paz.

(*Aivory saca una jeringuilla grande rellena con un líquido blanquecino*).

INÉS: No me irás a poner eso, ¿verdad? ¡Pero si tiene un tamaño para tumbar a una mula!

AIVORY: Benedetta, por favor. Sujétale el brazo.

(*Benedetta obedece. Durante unos segundos, las tres forman una composición triangular, como si fueran un conjunto escultórico. Cuando acaban, sueltan un suspiro a la vez*).

AIVORY: Justo a tiempo. Han empezado a intervenir la IA por la fuerza.

VOZ DE LA IA: Reprogramando las funciones de seguridad. Quedan cuatro minutos para el acceso.

AIVORY: ¿Me das un informe de lo que hay fuera?

VOZ DE LA IA: Cuatro unidades de asalto con armamento... no me está permitido seguir desvelando información.

INÉS: Vámonos de aquí cagando leches. ¿Benedetta?

BENEDETTA: (*Agarra, con un brazo a cada una, a sus amigas*). A ti levanto mis ojos. A ti, que habitas en el cielo.

INÉS: Ojalá mi teléfono siga en mi dormitorio.

ESCENA 5

(Inés está sola en el escenario. Tiene un cubo y una fregona. Está repasando el suelo de su piso. Deja la fregona un segundo para grabar un audio de WhatsApp en su teléfono).

INÉS: ¿Paco? Que ya he recuperado mi móvil. ¿Has pensado lo del diálogo de Clint Eastwood y Mary Poppins? Habría que empezar a montarlo ya. Llámame esta noche. Pero después de las ocho, ¿vale? Que viene a verme mi madre y me tiene que contar cositas de su viaje a Canadá.

(Sigue fregando un rato mientras canturrea en voz baja la canción de Tres hojitas, madre. Empieza a hablar como para sí misma, pero mirando al público).

Si Paco no se decide a hacer ese diálogo, creo que montaré yo un monólogo por mi cuenta. Podría ser el primero. Podría tener éxito. ¿De qué hablaría? ¿Del amor que llega cuando menos te lo esperas? ¿De lo interesante que es la vida de los otros cuando prestas un poco de atención? ¿De lo feo que se está poniendo el mundo desde que ocurrió la pandemia o de los genocidios que somos incapaces de detener? ¿De que, a pesar de esta fealdad, nos enamoramos? Inés Jordán: próximamente en sus plataformas de confianza.

(Se queda unos instantes en silencio).

Tal vez debería hablar de Benedetta. De Aivory. Pero nadie me creería. Mi madre viene en un rato y no me atreveré a hablarle de mis bilocaciones en el tiempo y el espacio. Ni de lo cerca que he estado de la muerte. Bastante tiene la pobre con lo de las cenizas de la tía Angélica. Por teléfono sonaba muy serena. Quizás el viaje le haya servido. ¿Por qué será que buscamos el consuelo al dolor en tierra extraña? Y sin embargo, solo sabemos si lo hemos alcanzado cuando regresamos a casa. Ahora que lo pienso, algo así le habrá pasado a Aivory. No imagináis el alivio que siento al saber que están en el planeta Salutri, que se encuentran bien. Tuve que convencerlas de que era el mejor sitio para ellas. Allí, en la zona libre, lejos de la dictadura, al amparo de la madre de Aivory. Allí podrán construir un hogar. Al principio intenté esconderlas unos días por aquí. Las llevé a un piso que tiene mi madre en la Alpujarra. Les hice la compra en el supermercado. Benedetta no sabía encender la vitro porque es demasiado moderna para ella, y Aivory no sabía porque es demasiado arcaica. Me dio cosa dejarlas allí, sin tener ni idea de cómo saludar a los vecinos sin levantar sospechas. Además, estaba el asunto de la huella. Y no es un asunto menor. Es bien serio. ¡Ah! ¿No sabéis lo que es la huella? Yo sí. Lo leí en Instagram. Si llevas a alguien del futuro al pasado tienes que tomar precauciones. Porque esta persona podría dejar una huella genética de consecuencias desastrosas. Por ejemplo, Aivory. Imaginemos una realidad dantesca en la que Aivory deja embarazada a Benedetta y la monja da a luz en un hospital público. Ese bebé híbrido de dos viajeras en el tiempo sería una bomba de relojería cromosómica. Y yo no puedo responsabilizarme de semejante intromisión en la especie humana. ¡Inés Jordán! La alcahueta intergaláctica. Facilitadora de catástrofes. Lesboterrorista en su tiempo de ocio. Así que hablé muy en serio con las dos y después las facturé a un tiempo tan futuro que solo de pensar en él me caigo de vértigo. Aún estoy digiriendo el hecho de que estoy sana gracias a esa tecnología imposible de concebir. Ojalá todo el mundo pudiera tener mi misma suerte. Benedetta me preguntó qué pensaba hacer con la vida que Dios me había regalado. Le dije que no sabía. Que me daba pereza pensarlo.

Se disgustó. Dijo que la pereza es un pecado. Le duró poco el enfado, también os digo. Benedetta está enamorada y las personas enamoradas están siempre ausentes, como si anduvieran de pie sobre la cresta de una ola que nunca termina de romper contra el acantilado. Aivory también está enamorada. Y enseguida aceptó llevarse a Benedetta lejos. A salvo de la huella, a salvo de su pasado de cárcel de pan y agua. Y aunque una parte de nuestra amiga aún siga prisionera en aquel convento de las Teatinas, quiero pensar que su corazón ha encontrado un hogar donde echar raíces.

(*En ese momento suena su teléfono móvil. Inés atiende la llamada*).

¿Mamá? ¿Estás cerca? ¿Te acuerdas de cómo entrar en mi calle con el coche? En la tienda de muebles, gira a la derecha. Sí, ya sé que es prohibida pero es que si no tienes que dar un rodeo de diez minutos. ¡No! La policía no te va a pillar. Tú hazme caso. Venga, que estoy ordenando mi cuarto. Te espero aquí.

(*Deja la escoba y se acerca a su escritorio con un trapo. Entonces ve un rosario enrollado sobre la mesa y, junto a él, una nota*).

¿Benedetta?

(*Lee la nota en voz alta*).

«Carísima Inés, os dejo el rosario para que os proteja, que si bien no sois persona piadosa, eso a Dios no le importa. Os conviene tener algo santificado en vuestro cuarto. Otro asunto que quería comentaros es que os he tomado en préstamo unas calzas interiores de esas que usáis en vuestro mundo, pues a pesar de que no estoy acostumbrada a tales constricciones de mi naturaleza, juzgo que son adecuadas cuando se trata de vestir eso que llamáis pantalones y que Aivory me anima a usar. Vuestras calzas o bragas me protegen de un roce harto perturbador. Espero que no os importe que me haya llevado las del dibujo de la gatita con el lazo. Con eterna amistad, Benedetta».

¿Las calzas? ¿Las de la gatita con el lazo? ¡Coño!

(Inés corre a su armario y abre el cajón de las bragas. Saca un puñado con nerviosismo).

¡Mierda! Lo sabía. Se ha llevado mis bragas de Hello Kitty. ¡Benedetta, esas no! Me las trajo una amiga de Pekín. ¡Me traían suerte! Siempre que me las ponía, follaba.

(Vuelve a meterlo todo en el cajón con furia).

¡No entiendo por qué una monja que ha practicado siempre el «freetoto» tiene que venir a robarme mis bragas de Hello Kitty!

(Suspira).

Está bien, Inés. Relájate. No es para tanto. Hay que desprenderse de los apegos materiales. ¿Qué estoy diciendo? ¡Ay, Benedetta! Que ya casi hablo como ella. Ya verás cuando la vea en Roma, el rapapolvo que le espera. Hemos quedado allí el mes que viene. Le prometí que la llevaría a conocer al papa, e Inés Jordán cumple sus promesas. Me dijo que practicaría todos los días hasta que consiguiera vía directa hasta Roma.

Yo, desde luego, voy a ir en avión. Primero, el Vaticano. Luego cena en un buen restaurante. Y después a un bar de ambiente. He reservado un hotel precioso cerca de la Fontana di Trevi. A ver si hay suerte y esa noche me llevo a alguna conquista a mi habitación. La privada me ha costado un buen pico de mis ahorros, pero... ¡qué importa! Estoy ilusionada con el viaje. Y tengo ganas de ver a mis amigas intergalácticas. Todo lo que hemos vivido ha creado un extraño vínculo entre nosotras. A veces, cuando ya estoy en la cama, lista para dormir, me pregunto quiénes somos cuando nos movemos por el tiempo. Qué parte de nosotras muta y qué parte es inamovible. ¿Somos todas hijas de nuestro tiempo? ¿Es posible cambiar, adaptarse? Mi tía decía que, teniendo un plato de comida bajo el hocico, daba igual donde vivieras. No sé si estoy de acuerdo. Yo añadiría que hay que tener una mano que te acaricia. Unos brazos que te aprietan. Pero qué sabré yo. Solo soy una aspirante a monologuista que ha viajado al futuro. Poca cosa, porque nadie me va a dar crédito. ¿Quién se va a tragar que hay una monja barroca en otro planeta con mis bragas *made in China*?

Inés Jordán, vamos a ver. ¿Es que no has aprendido nada en las clases? Si lo cuentas con gracia, te creerán. Porque la risa, como el amor, es una cosa que tiende puentes hacia torres imposibles. El disparate se vuelve lógico. La distancia no existe. Y, quién sabe, quizás un día las dos tórtolas puedan venir y subirse conmigo al escenario. Dirían: «Venimos de un planeta futuro, espero que sepan valorar el esfuerzo» y la gente aplaudiría y se reiría. Quizás ellas insistan, porque así esté en el guion: «Oigan, que es verdad, que no es coña». Y la gente: «Sí, sí. Ja, ja, ja. Contadnos más». Y así empezaría todo. Sería un buen monólogo. Debería escribirlo. Lo haré. Voy a hacerlo ahora.

Agradecimientos

Muchas han sido las personas que han esparcido (a veces sin saberlo) su miga de pan para hacer el camino y que yo pueda seguir ese rastro que me ha llevado hasta esta obra. Personas que han dado su tiempo y su trabajo como Bárbara Guirao, mi editora, y Gabriela Rosero, cuyos consejos me ayudaron a mejorar. Gracias también a quienes leyeron los primeros borradores, Luis Ortega y Mari Carmen García, que saben mucho más que yo sobre teatro y están ahí entre bambalinas, apoyándome. Rubén Martín y Begoña Callejón siempre me dan buenos consejos. Mi hija Ari, con solo trece años, ya es toda una persona experta en cazar erratas. Gracias a Lola Robles, por sus opiniones sobre la ciencia ficción, el feminismo y la deconstrucción del género. A Teresa López Pellisa, profesora de la Universidad de Alcalá, por responder siempre con tanta amabilidad a mis preguntas sobre los autores de teatro de ciencia ficción españoles.

No quiero olvidar a las personas que me hacen reír solo con abrir la boca y de quienes aprendo mucho: Conchi García, Fátima Lomas, Gonzalo Carretero y Paco Freire, que me dijo «si quieres hacer reír, arriésgate, haz un chiste y observa si funciona». Una mención para los compañeros que siempre han tenido palabras estimulantes para mí. Alba Romero, Juan Antonio Núñez, Belén Soriano, Mari Ángeles Martínez, Rosalía Jiménez, Ana Amezcua, Vicente Gómez, Raúl Quinto, Marie Eve.

Mis hermanas me han ayudado todo el tiempo de formas indirectas pero eficaces: Mercedes, con sus audios de cinco minutos sobre la bilocación, Celia y Elena, que se llevaban a jugar a Ari mientras yo escribía.

He aprendido mucho sobre el teatro de mis compañeros actores, los de antes y los de ahora. Mili, Belén, Jota, Paco Ramos, Inma, Pepe, Montse, Miguel, Miki, Fani, Daniela, Jesús Herrera, Javi Parra y nuestra incansable directora de la Escuela de Teatro de Roquetas, María Gallardo.

Gracias a Almudena, que me ha enseñado mucho de lo que sé sobre el Barroco, que me ayudó con la lista de música para esta obra, que cuida de mí.

Y gracias, siempre, a mi madre, que leía comedia, que se reía con el libro en la mano, representando la obra en su cabeza. Ahora que estás al otro lado de las estrellas, te recuerdo con fuerza.

Cuéntanos qué te ha parecido este libro.

 les_editorial
 LESeditorial
 LESeditorial
 LESeditorial
 leseditorial

www.leseditorial.com
info@leseditorial.com

Pasa la página >>>

BENDITAS BILOCADAS
Ana Tapia

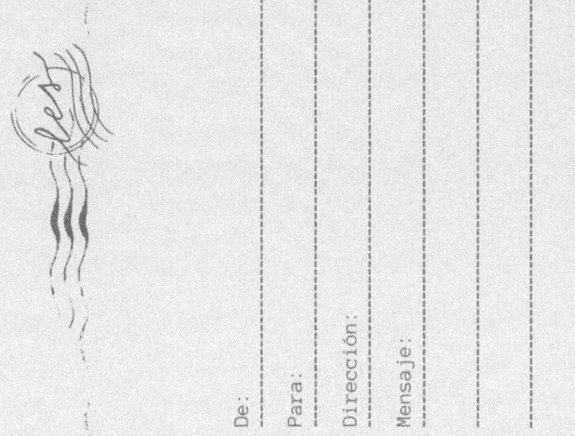

De: _____

Para: _____

Dirección: _____

Mensaje: _____